Helme Heine  Fredrik Vahle

Katzentatzen Hühnerhof

Fredrik Vahles kinder-welt-berühmte Tanz- und Spiellieder
mit allen Noten
illustriert von Helme Heine

Middelhauve

Der Katzentatzentanz

Gesprochen Doch der Igel neigt sich vor, sagt der Katze was ins Ohr:
„Hallo, Katze, ich bin hier
und kein böses Stacheltier.
Komm, ein Tänzchen tanzen wir.“

Gesprochen Und dann ging der Igel heim.

Gesprochen Doch der Hase neigt sich vor, sagt der Katze was ins Ohr:
„Hallo, Katze, ich bin hier
und kein freches Zappeltier.
Komm, ein Tänzchen tanzen wir.“

Gesprochen Und dann ging der Hase heim.

Kam der Hams- ter zu der Kat- ze: „Bit- te, reich mir dei- ne Tat- ze!“

„Mit dem Hams- ter tanz ich nicht, ist mir viel zu pum- me- lig!“

Gesprochen Doch der Hamster neigt sich vor, sagt der Katze was ins Ohr:
„Hallo, Katze, ich bin hier
und kein dummes Nagetier.
Komm, ein Tänzchen tanzen wir.“

Und dann tan- zen sie zu zwein ü- ber Stock und ü- ber Stein.

Gesprochen Und dann ging der Hamster heim.

Guck, die Kat- ze tanzt al- lein, tanzt und tanzt auf ei- nem Bein.

Gesprochen Doch der Hofhund neigt sich vor, sagt der Katze was ins Ohr:
„Hallo, Katze, ich bin hier,
hab doch keine Angst vor mir.
Komm, ein Tänzchen tanzen wir.“

Gesprochen Und dann ging der Hofhund heim.

C
G7
Kam der Ka- ter zu der Kat- ze, leck- te ihr ganz lieb die Tat- ze,
F
C
G7
C
strei- chelt sie und küsst sie sacht, und schon hat sie mit- ge- macht.

Neue Figuren können erfunden
und eingefügt werden.

Etwa so: Der Dackel – der tanzt so wackelig.
Die Wildsau – die grunzt so fürchterlich.
Die Qualle – ist mir viel zu schwabbelig.
Das Gespenst – ist mir viel zu gruselig.
Und so weiter –
bis alle Kinder mittanzen und -singen.

F
C
G7
C
Und dann tan- zen sie zu zwein ü- ber Stock und ü- ber Stein.

C F C G7 C
Je- de Maus im Mau- se- loch ruft: „Ein Glück, sie tan- zen noch!“

Der Hühnerhof

Und er springt auf den Mist und singt ko- ki- du- del- du di
du- del- di- du- del- di- du- del- di- du.

C
Das Huhn scharrt he- rum auf dem Hüh- ner- hof und
G7
denkt sich: „Der Hahn ist schön bunt, doch doof."
C
Und das Huhn hör ich ka- keln
hier die Tierstimme nachahmen
C F
Und der Hahn auf dem Mist, der macht ko- ki- du- del- du di
C F G7 C
du- del- di- du- del- di- du- del- di- du.

C
Die Ente, die watschelt am Mist vorbei und
G7
sagt sich: „Der Kerl legt nicht mal ein Ei.“
C
Und die Ente, die hör ich
hier die Tierstimme nachahmen
Und das Huhn hör ich kakeln ...
C
F
Und der Hahn auf dem Mist, der macht ko- ki- du- del- du di
C
F
G7
C
du- del- di- du- del- di- du- del- di- du.

Die Kat- ze, die guckt aus dem Kel- ler- loch und
ruft: „Ihr ver- treibt mir die Mäu- se noch.“
Und die Kat- ze, die hör ich
hier die Tierstimme nachahmen
Und die Ente, die hör ich ...
Und das Huhn hör ich kakeln ...
Und der Hahn auf dem Mist, der macht ko- ki- du- del- du di
du- del- di- du- del- di- du- del- di- du.

Und die Katze, die hör ich ...
Und die Ente, die hör ich ...
Und das Huhn hör ich kakeln ...

C F
Und der Hahn auf dem Mist, der macht ko- ki- du- del- du di
C F G7 C
du- del- di- du- del- di- du- del- di- du.

Und den Hund hör ich bellen ...
Und die Katze, die hör ich ...
Und die Ente, die hör ich ...
Und das Huhn hör ich kakeln ...

Und das Schwein hör ich grunzen ...
Und den Hund hör ich bellen ...
Und die Katze, die hör ich ...
Und die Ente, die hör ich ...
Und das Huhn hör ich kakeln ...

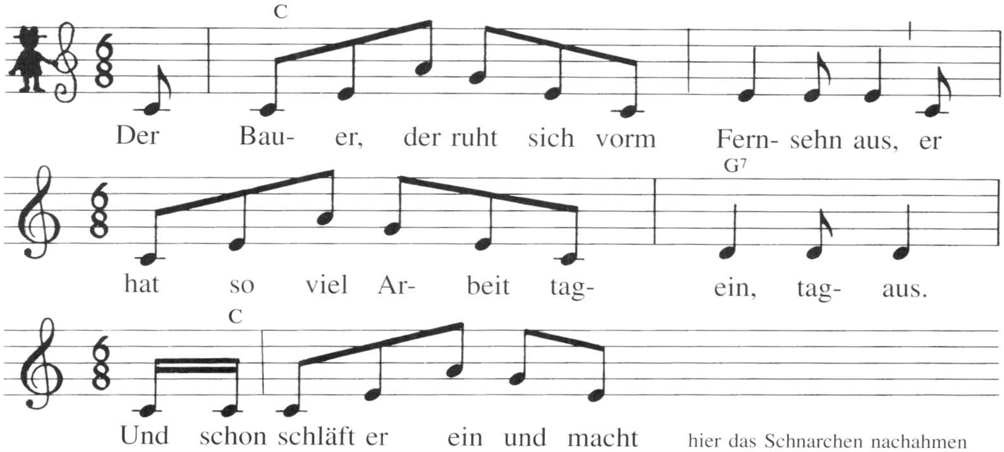

Gesprochen Und im Traum hört er die Tiere alle ganz, ganz leise:

Flüstern Und den Goldfisch, den hört er ...

Und das Schwein hört er grunzen ...

Und den Hund hört er bellen ...

Und die Katze, die hört er ...

Und die Ente, die hört er ...

Und das Huhn hört er kakeln ...

Sonderausgabe
Middelhauve® Broschur

Printed in Germany

ISBN 3-7876-9747-0